Amis
pour la vie

photos de

ANNE GEDDES

Un ami véritable

Qu'un ami véritable est une douce chose !
Il cherche vos besoins au fond de votre cœur
Il vous épargne la pudeur de les lui découvrir vous-même.

Jean de La Fontaine (1621-1695)

L'Amitié

1ère partie

La véritable amitié est pure.
Elle ne recherche aucune faveur en retour.
Elle élève celui qui la donne.

La véritable amitié est généreuse.
Elle est plus forte que tous les préjugés.
Elle anoblit celui qui la donne.

La véritable amitié est fidèle.
Elle n'est pas altérée par le temps.
Elle honore celui qui la donne.

2nde partie

La véritable amitié est spontanée.
Elle ne fait l'objet d'aucun marchandage.
Elle récompense celui qui la donne.

La véritable amitié est sincère.
Elle ne pose pas de conditions.
Elle enrichit celui qui la donne.

Henri Lacordaire (1802-1861)

De tous les biens que la sagesse
procure à l'homme pour le rendre heureux,
il n'en est pas de plus grand que l'amitié.

Épicure

L'amitié sans confiance, c'est une fleur

…sans parfum. Laure Conan (1845-1924)

chaud et sûr

Nid d'amitié

Notre amitié est comme un nid
douillet et confortable
où il fait bon se détendre
et être soi-même.

Notre amitié est comme un nid
un petit coin dans nos cours
chaud et sûr
où l'on se sent parfaitement bien.

Katrina James

Souvenez-vous toujours

Souvenez-vous toujours d'oublier
Les choses qui vous attristent
Mais n'oubliez jamais
celles qui vous rendent heureux.

Souvenez-vous toujours d'oublier
Les amis qui vous ont trahi
Mais n'oubliez jamais
Ceux qui vous sont fidèles.

Souvenez-vous toujours d'oublier
Les ennuis passés
Mais n'oubliez jamais
les bonheurs quotidiens.

Krishna Dasani

Un ami est un trésor

Rares sont les amis de cœur
car ils le sont pour la vie.
Ils nous critiquent en privé
et nous défendent en public.
S'ils sont heureux de nos réussites,
Ils nous consolent de nos échecs.
Ils sont toujours disponibles.
Quiconque a de tels amis possède une grande richesse.

Margarida Rebelo Pinto

L'Ami vrai

L'ami vrai,
ce n'est pas celui qui regarde
avec peine tes souffrances,
c'est celui qui regarde sans envie ton bonheur.

Anonyme

Recette de l'amitié

Une cuillère à café de bon sens
une pincée de raison
une cuillère à café d'instinct
une pincée de savoir-faire
une cuillère à café de tendresse

remuez bien, ajoutez une gousse d'énergie
mélangez avec une pincée de tristesse et une mesure de joie
ajoutez une bonne dose d'amour et remuez bien pendant plusieurs années.
Ne pas mettre au four et ne pas faire cuire.
Servez dès que c'est prêt avec l'assaisonnement de votre choix.

Catherine McKenzie

Je voulais t'écrire ce mot pour te dire
Que je te souhaite une raison de sourire aujourd'hui
Je ne suis pas le plus malin des amis
Ni le plus courageux, même si j'essaye de l'être,
Je ne suis peut-être pas drôle, ni toujours gentil
Et je passe trop de temps à regarder en l'air
Mais je serai toujours là à prendre soin de toi
Même si cela saute aux yeux de tous !
Un véritable ami est rare, je suis sûr que tu le sais,
Et tu en es véritablement un pour moi.
Puis-je s'il te plaît ajouter quelque chose ?
Je te suis reconnaissant pour tout le bonheur
que tu me donnes !

Louisa Anderson

Il y a des fleurs partout
pour qui veut bien les voir.

Henri Matisse (1869-1954)

L'Amour et L'amitié

L'amour à la sauvage églantine est pareil,
Et l'amitié pareille au houx.
Si le houx reste obscur quand fleurit l'aubépine
Lequel fleurit plus constamment ?

La sauvage églantine est suave au printemps ;
L'été ses fleurs embaument l'air.
Attendez toutefois que revienne l'hiver,
Qui dira l'églantine belle ?

Dédaigne l'églantine et sa vaine couronne
Fais du houx luisant ta parure
Afin, lorsque Décembre aura flétri ton front,
Qu'il y respecte sa verdure.

Emily Brontë (1818-1848)

une douce chose

Pour moi, mon ami

Chante encore,
Mon ami poète,
Cette chanson pour moi.
Les fleurs au parfum délicieux
Se balançant dans la brise tiède
Les fleurs dont les abeilles recueillent le nectar
dans les champs à moissonner.

Mireille Laborie

Amitié

Qu'il n'y ait d'autre intention dans l'amitié
que la profondeur de l'esprit.
Car l'amour qui cherche autre chose
que la révélation de son propre mystère
n'est pas l'amour, mais un filet jeté au loin :
et ce que vous prenez est vain.
Et donnez à votre ami le meilleur de vous-même.
S'il doit connaître le reflux de votre humeur,
laissez-le connaître aussi son flux.
Car qu'est-ce que votre ami si vous venez le voir
avec pour tout présent des heures à tuer ?
Venez toujours le voir avec des heures à vivre.
Car il est là pour combler vos besoins, et non votre néant.
Et dans la tendresse de l'amitié
qu'il y ait le rire et le partage des plaisirs.
Car dans la rosée de menues choses
le cœur trouve son matin et sa fraîcheur.

Khalil Gibran (1883-1931)

L'Ami invisible

1re partie

Quand les enfants jouent tout seuls sur la pelouse,
Quelqu'un est là que personne n'a jamais vu.
Quand les enfants sont joyeux, tout seuls et gentils,
L'Ami des Enfants sort du bois.

Personne ne l'entend, personne ne le voit,
C'est une image impossible à dessiner,
Mais il est pourtant bien là, dehors ou dans la maison,
Quand les enfants sont joyeux et qu'ils jouent tout seuls.

2nde partie

Il se couche dans les lauriers, il court dans l'herbe,
Il chante quand vous faites tinter les verres ;
Et quand vous êtes heureux sans savoir pourquoi,
C'est que l'Ami des Enfants n'est jamais bien loin !

Il aime être petit, il déteste être grand,
C'est lui qui habite dans les trous que vous avez creusés ;
C'est lui qui, quand vous jouez avec vos soldats de plomb,
se range du côté du Français et ne gagne jamais.

C'est lui qui, quand le soir vous allez vous coucher,
Vous dit de vous endormir tranquillement ;
Car où qu'ils soient rangés, dans un placard ou sur une étagère,
Il s'occupera lui-même de vos jouets !

Robert Louis Stevenson (1850-1894)

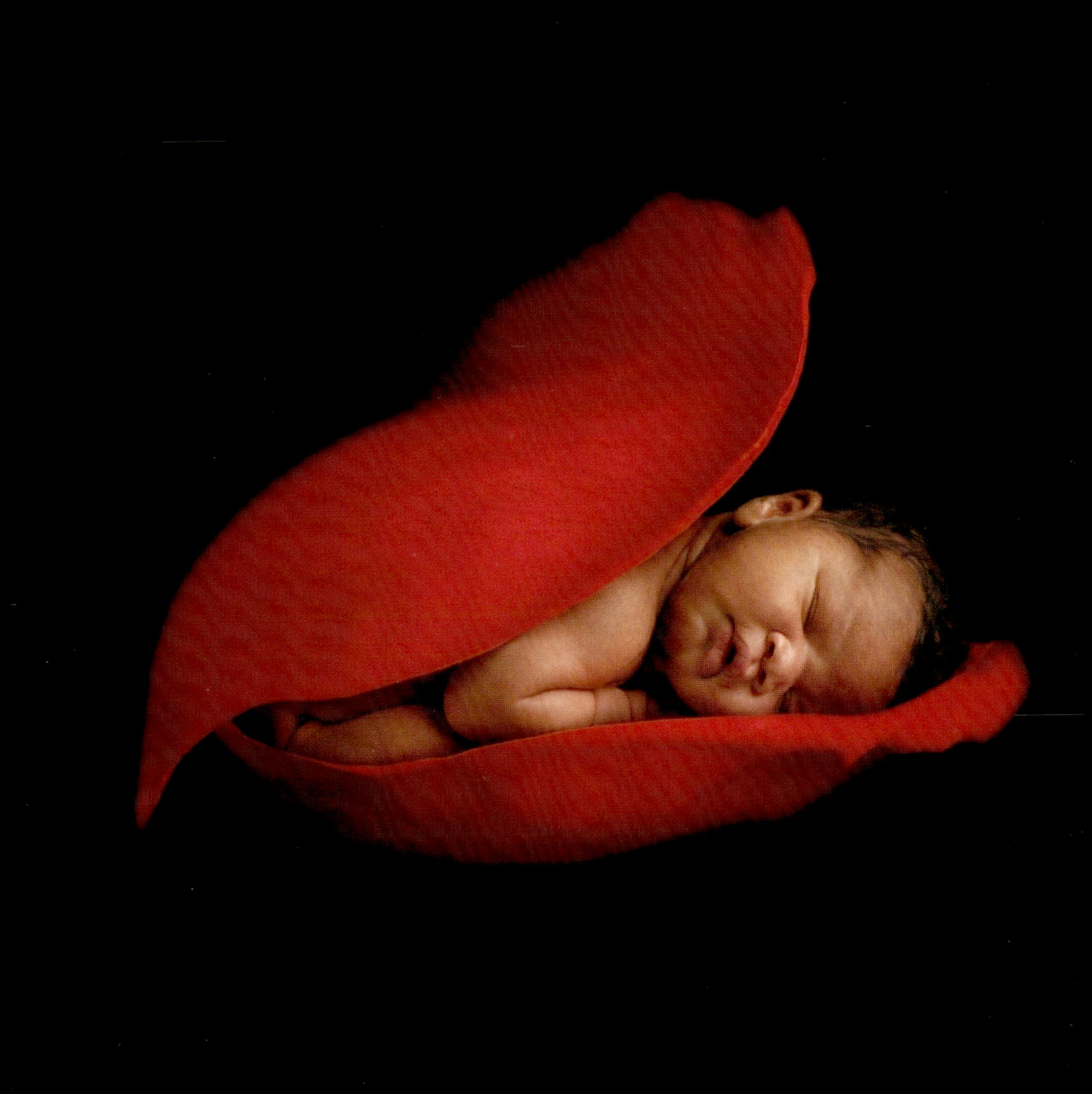

L'idéal de l'amitié, c'est de se

amis

sentir un et de rester deux.

Anne-Sophie Swetchine (1782-1857)

ANNE GEDDES®

www.annegeddes.com

Première publication en 2006 par Photogenique Publishers
(un département de Hachette Livre NZ Ltd)
4 Whetu Place, Mairangi Bay, Auckland, Nouvelle-Zélande

Titre original : *Forever Friends*

Hors Collection, un département de place des éditeurs
ISBN : 2-258-07080-5
N° d'éditeur : 800
www.horscollection.com

Production : Kel Geddes
Imprimé en Chine par Midas Printing Ltd, Hong Kong